DU THÉATRE
DE LA PORTE S^T.-MARTIN,
DE PIÈCES D'UN NOUVEAU GENRE,
ET
DE LA PANTOMIME;

PAR M. LABLÉE, ancien Avocat, de l'Académie de Lyon, etc.

PRIX : 75 CENTIMES.

A PARIS,

Chez
- P. BLANCHARD, Libraire, Palais-Royal, galerie de bois, n°. 249;
- VENTE, Libraire, boulevard des Italiens, n°. 7, près la rue Favart;
- GARDY, Libraire, boulevard du Temple, n°. 3, vis-à-vis le théâtre de la Gaîté.

DE L'IMPRIMERIE D'ÉVERAT, RUE SAINT-SAUVEUR, N°. 41.

1812.

DU THÉATRE

DE LA PORTE St.-MARTIN,

DE PIÈCES D'UN NOUVEAU GENRE,

ET

DE LA PANTOMIME (1).

Le théâtre de la porte Saint-Martin doit, vu son étendue et sa situation, tenir le milieu entre les théâtres nationaux, et ceux destinés à l'amusement du peuple. Il y a lieu de croire qu'on ne lui permettra point les genres qui le rapprocheroient des premiers, et les pièces d'un petit genre n'y produiroient point d'effet :

D'un autre côté, le genre admiratif, le plus ennuyeux de tous, ne peut s'y soutenir long-temps. On ne supplée qu'à grands frais au défaut de clarté, d'intérêt et de mouvement des pièces de ce genre. Quelles dépenses aussi ne nécessite point l'ignorance des secrets de l'art dramatique dans ces auteurs parasites qui forment coterie près des administrations !

C'est surtout lorsque la parole est interdite aux acteurs, que la connoissance de cet art est nécessaire. Avec de vrais talens, il en coûte peu pour exciter au théâtre de douces ou de fortes sensations.

Les tableaux d'actions militaires, et ceux qui se prennent dans la féerie, ne doivent pas être prodigués : les premiers fatiguent bientôt l'attention, et les autres ne recréent guère que les yeux.

---

(1) Une partie de cet écrit étoit composée avant que le Théâtre de la Porte Saint-Martin fût fermé.

Ceux-ci n'ont point, faute de naturel, ce caractère qui attache et prolonge l'illusion. On en peut dire autant des tableaux mythologiques. Presque tous les beaux sujets que fournit la fable ont été à peu près épuisés au théâtre; ces deux derniers genres n'amusent plus guères que les enfans.

Si les sujets d'histoire ont plus d'importance et sont plus utiles à connoître que les sujets de pure invention, en général ils plaisent moins à l'esprit, ils font moins d'impression que ceux qu'un auteur habile a disposés de manière à remuer l'âme du spectateur.

Le théâtre de la porte Saint-Martin n'auroit que des succès momentanés, s'il ne s'affranchissoit pas des habitudes des boulevards ; s'il ne peut offrir que des tableaux, il faut qu'en général ces tableaux aient plus d'intérêt et de vérité que ceux qu'il nous a présentés : ils n'auront pas plus d'intérêt, si des auteurs habiles ne se joignent à ceux qui ont déjà fait preuve de talent dans ce genre de composition ; ils n'auront pas plus de vérité, si on n'est pas plus difficile dans le choix des artistes.

Qu'on ne perde point de vue que ce théâtre ne peut rivaliser avec aucun autre.

La nouveauté ou l'originalité du spectacle y attireroit la multitude, mais les suffrages des gens de goût sont ce que de nouveaux directeurs devroient ambitionner davantage.

On peut établir à ce théâtre des pièces ou pantomimes d'un nouveau genre, sans accroître les dépenses, même en les économisant.

Quel sera ce nouveau genre ? Je ne me permettrai point d'indiquer affirmativement celui qui conviendroit le mieux : l'imagination et le goût sont fertiles en inventions. L'innovation que je propose doit être principalement dans la nature des sujets. Ce que je vais dire peut conduire à des idées plus heureuses.

J.-J. Rousseau, dans un petit ouvrage ayant pour titre *le Monde idéal*, a presque indiqué un nouveau genre de spectacle;

c'est le tableau de la nature embellie, perfectionnée. Les hommes y sont vus, non tels qu'ils sont, mais tels qu'ils devroient être.

Cette idée est insuffisante : on peut en tirer parti et y ajouter.

Dans *le Monde idéal* il faut comprendre ce qu'il y a de plus parfait dans la nature et ce qui est hors d'elle.

Quels beaux tableaux, et quels objets intéressans on peut offrir au-delà du cercle dans lequel on choisit ordinairement ses sujets! Le plus souvent les auteurs vont puiser dans des sources connues. Si on a du succès en reproduisant ainsi des tableaux à la vue desquels l'esprit s'est, pour ainsi dire, accoutumé, n'est-on pas fondé à en attendre davantage de ceux dans lesquels on verroit unis le mérite d'une belle invention et celui d'une ingénieuse exécution?

Dans *le Monde idéal*, tel que J.-J. Rousseau l'a conçu, le spectacle est admirable : il y règne un ordre parfait ; les formes sont plus élégantes, les couleurs plus vives, l'expression plus animée. Les êtres y sont avides de jouissances; mais ils n'en veulent point aux dépens d'autrui : ils ont des passions ardentes, mais simples et pures. Les âmes y sont essentiellement aimantes : on y est exempt de préjugés, non de foiblesses et d'erreurs. Le bonheur y est aussi le but de toutes les actions.

Les habitans du Monde idéal peuvent être en opposition dans leurs vues, dans leurs désirs; ils peuvent se combattre, mais les moyens sont francs et nobles : on finit toujours par s'entendre et par être d'accord. Chez nous cette lutte des intérêts et des passions a quelque chose de pénible pour les spectateurs. Le tableau du vice et du crime ne s'y présente pas toujours avec fruit pour les mœurs. On peut, sans l'offrir, peindre des sensations tendres, des mouvemens impérieux, de fortes passions. Les contrastes seront également marqués ; on intéressera quelquefois davantage, et le but moral sera plus sûrement rempli.

Ce n'est pas le seul avantage qu'on auroit en prenant ses scènes dans un monde idéal. L'image des plaisirs, du bonheur, fruits d'une vie simple et pure, seroit tellement séduisante, qu'on se feroit un besoin d'y fixer son attention. Ces tableaux seroient, par des allégories faciles à saisir, la meilleure critique de nos mœurs et de nos habitudes. J'ai sous les yeux le plan de différentes pièces qui aideroient à apprécier ce nouveau genre de spectacle; mais il ne m'est point permis de donner ici beaucoup de développement à mes idées.

On pourroit appeler le théâtre ainsi réformé, *Théâtre du Monde Idéal*.

On y produiroit aussi des scènes d'un grand intérêt, dont la principale idée appartient à des auteurs d'un génie original. Je citerai seulement le Tasse, l'Arioste et Milton. Le Théâtre ne nous a encore offert qu'une partie des grands tableaux qu'ils ont peints; ces tableaux peuvent être étendus.

Des régions inconnues, supposées, le Ciel, l'Enfer, non tels que la religion les peint, mais tels que l'imagination peut les concevoir, sont des cadres dans lesquels se placeroient des pièces d'un nouveau genre.

Les sujets ne seroient pas toujours graves; par exemple Quevedo, auteur espagnol estimé, mais peu connu, présente dans ses *visions* des scènes extrêmement plaisantes; il fait passer en revue des personnages bizarres, ridicules, tels qu'il s'en trouve encore dans la société, et sur le compte desquels la critique peut s'exercer d'une manière piquante. Son chapitre des *Petites-Maisons de l'Amour*, celui des *jugemens de Lucifer*, sont d'excellens sujets de patomimes.

Dans le temple de Gnide de Montesquieu, se trouve un charmant épisode sur la jalousie de deux amans. Cet épisode est un sujet des plus dramatiques; il peut servir de modèle pour des pièces *du Monde idéal*.

On y offriroit encore, pour varier le spectacle, des scènes de Michel-Cervantes, des figures grotesques, telles que celles qui ont rendu célèbre le peintre Calot, et des caricatures prises dans nos modes exagérées. Ces objets bizarres et plaisans tiendroient à une action, car sans action, sans mouvement, on produit peu d'effet au théâtre.

On voit toujours avec plaisir la peinture chargée des prétentions, des manies, des ridicules, lorsqu'elle est faite par des mains habiles.

Si on veut ajouter des tableaux à ceux du *Monde idéal*, l'ancien Testament en présente plusieurs qui ont un charme particulier.

Je suppose qu'une pareille entreprise obtienne l'appui du Gouvernement généreux qui protège et encourage tous les arts, il conviendroit sans doute de former, pour l'exécution, un petit comité de gens de lettres distingués et d'artistes intelligens. Des pièces d'un nouveau genre seroient réunies à celles du répertoire qu'on voudroit conserver; mais il faudroit désespérer du succès d'une entreprise dont la direction ne sauroit pas se préserver de l'esprit de coterie. Au théâtre comme en littérature, lorsque les établissemens sont livrés au despotisme de quelques intrigans adroits, on peut croire qu'ils ne seront pas de longue durée, ou qu'ils ne parviendront pas à une grande élévation. Le théâtre et la littérature sont de beaux domaines; mais ils ne se fertilisent que lorsqu'ils sont exploités par des esprits nobles et fiers, joignant au sentiment du beau le caractère de l'indépendance.

Je ne terminerai point cet article sans parler du genre de Servandoni, qu'on a voulu reproduire.

Ce genre, qui exige un emplacement immense, ne peut se soutenir long-temps sur le même théâtre : l'avantage qui lui est particulier, consiste à produire des effets subits; il étonne, il frappe l'imagination; mais comme il ne saisit, pour ainsi dire, qu'un point dans la nature animée, qu'une circonstance dans un grand événement, il ne peut servir pour le développement d'une action un peu compliquée. L'exposition des détails qui peuvent donner de l'intérêt et de la vérité à cette action, lui est interdite. Il n'offre les objets que dans leur ensemble; mais ces grands tableaux ne doivent pas être prodigués; ils ne font sensation que lorsqu'ils paroissent de loin en loin ; liés à de petits détails, ils forment un contraste souvent ridicule, et les efforts qu'on fait pour les placer dans le lieu où ils doivent être vus, ont quelque chose de pénible.

Le genre de Servandoni, doit s'employer dans des fêtes nationales, ou dans celles que les Cours donnent à grands frais. Les entrepreneurs particuliers d'un théâtre où l'on voudroit l'établir exclusivement, devroient avoir à leur disposition des sommes considérables.

Servandoni, grand architecte, avoit le génie de la décoration. Des Princes l'employoient dans des réjouissances extraordinaires, et l'état des finances de quelques-uns s'en est ressenti. On sait que dans une fête triomphale, il a fait faire des évolutions à quatre cents chevaux, sans qu'il y eût sur le théâtre la moindre gêne, le moindre embarras. L'illusion etoit complette, Ses grands tableaux étoient admirés ; mais vouloit-il présenter une action dans ses différentes circonstances, il n'intéressoit pas. Les bras de ses acteurs, dit Noverre, n'étoient jamais dans l'inaction, cependant ses représentations pantomimes étoient de glace.

DE LA PANTOMIME.

J'offrirai ici quelques idées et quelques observations sur la pantomime, sur sa composition, sur ses effets, et sur les acteurs au talent desquels ce genre de spectacle a dû son illustration ; je les dois en partie à des écrivains distingués.

La pantomime est l'expression muette du sentiment et de la pensée ; souvent elle les peint mieux que la parole, car plus l'âme est affectée, moins la parole peut lui servir d'expression ; alors les mouvemens deviennent son langage.

La pantomime, dit Marmontel, parle aux yeux un langage plus passionué que celui de la parole ; elle est plus véhémente que l'éloquence même, et aucune langue n'est en état d'en égaler la force et la chaleur. Dans la pantomime tout est en action, rien ne languit, l'attention n'est point fatiguée. En se livrant au plaisir d'être ému, on peut s'épargner presque la peine de penser, ou les idées sont vagues comme les songes.

C'est sur le visage de l'homme, dit Noverre, que les passions s'impriment, que les mouvemens et les affections de l'âme se déploient, que le calme et l'agitation, le plaisir et la douleur, la crainte et l'espérance se peignent tour-à-tour. Cette expression est cent fois plus animée, plus vive, plus précise que celle qui résulte du discours le plus véhément. Il faut un temps pour articuler la pensée, il n'en faut point à la phisionomie pour la rendre avec énergie : c'est un éclair qui part du cœur, qui brille dans les yeux, et qui, répandant la lumière sur les traits, annonce le bruit des passions, et laisse voir, pour ainsi dire, l'âme à nu.

Le geste puise son principe dans la passion qu'il doit rendre. Lorsque le trait est lancé par le sentiment, il doit faire un prompt effet et toucher au but.

L'action théâtrale dans son origine se réduisoit au geste. Sur un grand théâtre, dans une vaste salle, où la voix se fait entendre difficilement, une action est mieux représentée par la pantomime.

Tous les auteurs anciens, dit M. de Laulnaye, dans un ouvrage couronné par l'Académie des Sciences, ayant pour titre, de la *Saltation théâtrale*, s'accordent à faire des pantomimes la peinture la plus énergique et les éloges les plus pompeux.

Cassiodore appelle cet art une musique muette. Suivant lui, il peut exprimer ce que la voix et l'écriture auroient peine à rendre.

Cette langue doit être passionnée, véhémente, pleine d'images, de transitions brusques, de mouvemens fortement prononcés.

La pantomime partage avec les meilleurs drames l'avantage d'intéresser, d'émouvoir, de captiver le spectateur par le charme de l'illusion. Bien composée, elle est une peinture vivante des passions, des mœurs, des usages, des cérémonies et des costumes de tous les peuples de la terre.

La scène doit avoir cette vérité séduisante, qui met le spectateur dans une pleine illusion, le transporte dans le lieu où elle est offerte, et met son âme dans la même situation où elle seroit, s'il voyoit l'action réelle dont l'art ne lui présente que l'imitation. Si elle est dénuée d'expression, de tableaux frappans, de situations fortes, ce n'est plus qu'un spectacle froid et ridicule ; mais alors ce n'est point l'art, ce sont les artistes qu'il faut accuser ; aussi la réussite de ce genre de spectacle dépend en partie d'un bon choix de sujets et de leur distribution.

Une pantomime doit être une fidèle copie de la nature. Une bonne pantomime est la parfaite imitation de ce que la nature peut offrir de plus intéressant et de plus beau.

La scène est la toile sur laquelle la pantomime va peindre un tableau ; les mouvemens mécaniques des figurans sont les couleurs, leur physionomie est le pinceau ; le choix de la musique, la décoration, le costume, sont le coloris.

Le compositeur doit avoir l'adresse de retrancher de son sujet ce qui lui paroît foible ou monotone. Que rien d'inutile ne paroisse sur la scène, qu'on n'y introduise que le nombre exact d'acteurs nécessaires à l'exécution !

Une pantomime ne doit être ni compliquée, ni diffuse ; elle doit tracer avec clarté et sans embarras l'action qu'elle représente. C'est au génie à mettre de l'élégance dans les formes, de la légèreté dans les groupes, de la précision et de la netteté dans ce qui doit produire les figures.

Les scènes ne doivent pas être seulement la représentation d'objets naturels, mais des scènes d'action dans lesquelles il faut mettre du feu et de l'énergie.

Marmontel observoit que si la pantomime étoit portée au même degré de perfection où l'on a porté la tragédie et la comédie, elle les éclipseroit. Il se fondoit sur l'exemple des Romains. Il ne vouloit pas qu'on favorisât un goût dominant pour ce genre de spectacles : c'est avec raison qu'il le subordonnoit au vrai genre dramatique.

Les anciens, dit Noverre, d'après Cassiodore, parloient avec leurs mains. Leurs doigts étoient, pour ainsi dire, autant de langues qui s'exprimoient avec facilité, avec énergie. Le climat, le tempérament et l'application que l'on apportoit à perfectionner l'art du geste, l'avoient porté à un degré de sublimité que nous n'atteindrons jamais, si nous ne donnons les mêmes soins qu'eux pour nous distinguer dans cette partie. Ainsi que les enfans, nous n'avons que des mouvemens machinaux, indéterminés, sans signification, sans caractère et sans vie. Nos pantomimes sont, pour la plupart, vides de sens, et n'offrent qu'un amas confus de scènes aussi mal cousues que désagréablement construites.

Il faut une sorte de génie pour créer une pantomime ; mais le plus souvent cette composition est confiée à des auteurs sans nom, de la plus grande médiocrité, qui ne produiroient que des effets ridicules s'ils étoient accueillis sur nos grands théâtres.

Noverre observe encore que ceux qui dédaignent le genre de la pantomime, semblent ignorer la signification du mot. *Autant vaudroit dire, je renonce à l'esprit, je ne veux point avoir d'âme.*

Les acteurs mimes, dit M. de Laulnaye, étoient de toute ancienneté chez les Grecs. Les plus distingués se nommoient *Ethologues.* Ils imitoient avec tant de vérité les passions et les actions des hommes, que leur jeu étoit une censure rigide dont on tiroit d'utiles leçons.

La danse Pyrrhique, pantomime militaire, qui représentoit la victoire d'Apollon, remonte à des temps très-reculés.

Pendant long-temps, l'art du geste fut uni à celui de réciter des vers. Il s'en sépara lorsqu'il se fut perfectionné.

C'est chez les Romains que la pantomime a commencé à présenter une action théâtrale, et qu'elle a eu des succès extraordinaires. Pylade et Bathylle peuvent être considérés comme ses instituteurs. Le premier excelloit dans le genre tragique ; le second, dans le genre comique. Auguste se plaisoit à exciter leur émulation. Il aimoit tant la pantomime, qu'il y passoit des journées entières. Il avoit accordé aux acteurs le privilège de n'être sous la domination d'aucun magistrat.

Les démêlés de Pylade et de Batylle occupoient les Romains autant que les affaires d'État. Ils étoient tous ou Batyliens ou Pyladiens.

Ovide témoigne sa satisfaction de voir ses ouvrages représentés par des pantomimes.

Nommer Roscius, c'est dire quelle illusion peut produire l'art du geste.

Après la mort d'Auguste, l'art acquit de nouvelles perfections. On vit se former des troupes complettes de pantomimes. Leurs actions vives, animées, faisoient la plus grande impression sur les spectateurs.

Dans les premières années du règne de Tibère, le Sénat fut obligé de faire un règlement pour défendre aux Sénateurs de fréquenter les écoles des pantomimes, et aux Chevaliers Romains de leur faire cortège en public.

Le pantomime Memphis exprimoit par ses gestes le caractère et la sublimité de la philosophie pythagoricienne.

Sénèque le père, dont la profession étoit des plus graves, confesse que son goût, pour la représentation des pantomimes, étoit une véritable passion.

Lucien étoit un zélé partisan de cet art.

Pline le jeune, après avoir dit que les pantomimes représentoient des pièces uniquement à la louange des Empereurs, ajoute que *cette adulation étoit tellement méprisable, que souvent le Sénat et les tréteaux retentissoient en même temps de l'éloge des Césars, prononcé par un consul et par des histrions.*

L'éloge des pantomimes a été fait même par Saint Augustin et par Tertulien.

La ville de Rome étoit remplie de professeurs qui enseignoient la pantomime à une foule de disciples.

Les pantomimes avoient également l'art de peindre et de faire naître les passions.

Les dames romaines couroient au théâtre baiser leurs masques et leurs habits, les jours où il n'y avoit pas de représentation.

Galien ayant été appelé pour voir une femme de condition attaquée d'une maladie extraordinaire, découvrit par les altérations qui survinrent dans la malade, quand on parla devant elle d'un certain pantomime, que son mal venoit uniquement de la passion qu'elle avoit conçue pour lui.

L'indécence que les mimes se permirent de mettre dans leurs jeux, leur enleva la considération dont ils jouissoient.

Les abus qui ordinairement dénaturent l'esprit et changent le sort des institutions, devinrent tels qu'à différentes époques les mimes furent chassés. On ne les rappela que lorsque la politique eut besoin de donner au peuple une favorable diversion.

Mais on ne doit pas juger les établissemens par les abus qui peuvent les rendre moins utiles ou moins agréables. Des mesures peuvent être prises pour que ces abus ne s'y introduisent pas ou ne s'y introduisent que dans un temps éloigné.

On voit, parce qu'on vient de lire, combien il importe à la gloire théâtrale et aux plaisirs du public, qu'on fasse revivre ce bel art de la pantomime. Tous les talens concourrent à l'envi pour répondre aux vues élevées du grand homme qui nous gouverne : le génie français conquiert tous les genres de gloire : pourquoi dédaignerions-nous celle qui, dans les arts, flattoit davantage le grand peuple qui n'occupera plus le premier rang dans l'histoire ? Agrandissons la scène française et donnons une nouvelle preuve de notre supériorité dans ce qu'il nous convient d'entreprendre. Qu'un théâtre élevé près de ceux où sont applaudis les chefs-d'œuvre des Molière, des Corneille et des Racine, présente de beaux tableaux d'un autre genre.

La pantomime peut s'établir d'une manière qui ne soit préjudiciable ni au goût, ni aux mœurs, ni au véritable intérêt de l'art théâtral, et c'est sous ces rapports que je veux la considérer. Sans doute un goût exclusif pour ce genre de spectacles seroit une atteinte au vrai goût; mais il n'y a pas de raison de craindre qu'on s'attache plus à celui-ci qu'à un autre. La multitude peut préférer jusqu'à des parades à des œuvres de génie; mais les bons esprits ne se laissent séduire que par ce qui est beau et naturel.

On a déjà observé que dans une ville où il n'y auroit qu'un théâtre, il ne conviendroit pas d'y établir exclusivement la pantomime; mais dans une ville telle que Paris, où plusieurs théâtres offrent des pièces de différens genres, il n'y a point d'inconvénient qu'un d'eux l'adopte exclusivement. Il n'est pas besoin de dire que les mœurs y seront respectées, et que la décence y sera commandée au jeu des acteurs. Quelques pièces de ce genre, applaudies sur nos boulevards, doivent prévenir en sa faveur et donner l'idée des jouissances dont on lui seroit redevable, s'il étoit étendu et perfectionné.

Mais l'intérêt de l'art seroit fortement compromis, si une pareille entreprise étoit faite avec de foibles moyens d'exécution, si des vues cupides et mesquines portoient des entrepreneurs à spéculer sur la crédulité et la sottise d'une multitude ignorante. Ce n'est point que des dépenses extraordinaires soient nécessaires pour l'établissement du théâtre dont je parle; en tâchant de plaire et d'intéresser par des actions bien conçues et bien développées, sans avoir besoin des secours de ces brillantes décorations et de ces coups de théâtre qui ne frappent que les yeux, en ne multipliant pas sans nécessité le nombre des artistes, il en coûteroit moins pour produire davantage. Mais il importe surtout de s'attacher de vrais gens de lettres et de bons acteurs. Il n'y auroit rien à attendre d'entrepreneurs qui tiendroient trop à des habitudes, à des affections, à des considérations particulières. Encore une fois, que l'intérêt de l'art soit leur loi suprême. S'ils en font la règle de leur conduite, ils seront bien dédommagés de leurs sacrifices.

Leur premier soin doit être de choisir des acteurs capables de répondre à l'attente du public. Il leur faut des sujets ayant de l'âme, de l'esprit, et surtout aimant leur art.

On ne peut guères, observe encore Noverre, donner des maîtres au pantomime : les passions variant et se divisant à l'infini, il faudroit autant de préceptes qu'il y a chez elles de variations. Pour réussir, il faut que le pantomime fasse une étude particulière de l'expression naturelle dans chacun des personnages qu'il veut représenter. Il a plus d'obstacles à surmonter que dans les autres arts. Il n'a ni pinceau, ni couleurs. Les tableaux qu'il compose doivent se varier et ne durent qu'un instant.

Le pantomime est tout à l'expression du geste : ses mouvemens ne lui sont point tracés, la passion seule est son guide ; c'est un être original. Le comédien est asservi au sentiment et à la pensée d'autrui ; l'autre s'abandonne aux mouvemens de son âme. Il doit donc y avoir entre l'action du comédien et celle du pantomime, la différence de l'esclavage à la liberté.

Les pantomimes, par les grâces, la noblesse, l'énergie de leur action, donnent à la beauté du corps plus de développement qu'en donnent les comédiens, dont la plus grande attention s'attache à bien rendre la pensée de l'auteur.

J'entre dans tous ces détails pour mieux faire connoître l'esprit dans lequel doit se former la nouvelle institution théâtrale. A ces idées qui, je le répète, appartiennent en grande partie à des écrivains d'un ordre supérieur, je pourrois ajouter celles que j'ai recueillies dans l'étude de ce qui, au théâtre, nuit ou sert à l'illusion et aux effets naturels ; mais je dois attendre qu'elles puissent avoir leur application. Il me semble qu'il ne suffit pas pour qu'un écrivain publie ses pensées, qu'elles doivent paroître justes ; il faut encore qu'elles puissent être utiles. Je crains déjà qu'on ne me reproche de m'être occupé de ces sujets, moi qui n'ai pour cela d'autres titres que mes recherches et mes lectures, et qui ne suis connu par aucune composition dramatique; mais je présente mon excuse dans mon amour de l'art théâtral, à qui j'ai dû long-temps d'agréables jouissances, et qui intéresse tous les vrais amis des lettres. Aucun autre intérêt ne me porte à publier cet essai, et je ne le publie que dans le désir de stimuler sur son objet principal l'examen et les reflexions. J'ai donc quelques droits à l'indulgence des littérateurs impartiaux, qui, par leurs analyses et leurs critiques, soutiennent l'honneur du théâtre français, et dont les jugemens déterminent presque toujours l'opinion du public. Puissent mes observations écrites rapidement et avec peu d'ordre, en faire naître de meilleures, faire du moins rechercher les avantages qu'on trouveroit dans l'établissement d'un théâtre destiné à donner plus d'élévation à la pantomime, et sur lequel seroient offerts des tableaux d'un nouveau genre!

Et si, en disant ce que je crois utile ou convenable, je contrarie ici des vues particulières, je déclare que c'est sans aucune intention qui puisse m'être reprochée. Je suis au surplus tout disposé à supporter le ressentiment de gens de lettres d'une singulière nature, qu'on trouve, on ne sait pourquoi, parmi ceux à qui le public est redevable de ses plaisirs, qui, avec moins de talent, ont un orgueil plus irritable, et dont la vengeance, pour être dédaignée, n'en est ni moins bruyante, ni moins active.

FIN.

www.ingramcontent.com/pod-product-compliance
Lightning Source LLC
LaVergne TN
LVHW010220230826
846091LV00008BB/3604

* 9 7 8 2 0 1 3 5 8 8 1 5 7 *